LETTRE DE PIERRE

Charpentier Iurisconsulte, addreſſée à
François Portes Candiois, par laquelle
il monſtre que les perſecutiõs des E-
gliſes de France ſont aduenues, nõ
par la faulte de ceux qui faiſoient
profeſſion de la Religion , mais
de ceux qui nourriſſoient les
factions & conſpirations,
qu'on appelle la
CAVSE.

1572.

LETTRE DE PIERRE CHAR-
pentier Iurisconsulte, addressée à
Françoys Portes Candioys.

Oſtre proces de ſainct Ger-
main demeure enſeuely par
la mort ſoudaine de Seue
qui faiſoit voz affaires en
mon abſence, & moy meſmes
qui vous eſcris la preſente ſuis mort, eſtant
pour la quatrieſme fois en exil de France
en Allemaigne. Car en noz liures l'exil eſt
vn eſpece de mort. Mais ie crains bien
fort Portes mon amy, que les nations e-
ſtrangeres excitées par l'auctorité des anciens Philoſophes qui eſtimoiét indignes
de pitié ceux qui endurét les peines qu'ils
ont meritées, ne nous chaſſent hors de
leurs limites comme infames & deteſta-
bles, ſoudain qu'ilz entendroht que non
pour la religion, comme auparauant, mais
pour la Cauſe nous auons eſte chaſſez
hors de noz pays. Or afin que ie me puiſſe
purger de ceſte Cauſe, tant enuers vous
qu'enuers tous les hommes de bien d'Allemagne & de Souyſſe, Ie vous ay bien

voulu aduertir par la preſente eſcripte
groſsierement & d'vn nouueau ſtyle, que
ie ne me ſuis iamais meſlé de ceſte Cauſe
mais au contraire, côme ayant eſté la ſour
ce de tous noz maux,ie ne m'y ſuis iamais
enrollé, & l'ay touſiours eu en horreur cô
me vne dangereuſe peſte. Car que peult
auoir eu de cômun ceſte Cauſe (qui n'eſt
autre choſe qu'vne illicite aſſemblée & fa
ction de quelques vns des noſtres qui ne
ont voulu vſer de la paix & viure paiſible-
ment, pour interrompre le repos public,
enfraindre & violer les ordonnances de
noſtre prince) auec ma nature paiſible, &
ma profeſſion de Iuriſprudence, qui ne
conſiſte qu'en l'obſeruation & reuerence
des Loix, & qui punit treſgriefuement les
ſeditieux, & tous ceux qui les meſpriſent?
Ie m'eſtois fort reſiouy, & embraſſois la
liberté qui nous auoit eſté baillée par noſtre Roy Charles comme vn don de Dieu
ſi long temps & ſi fort deſiré par noz predeceſſeurs. Mais ſoudain que i'ay cogneu
que ceſte damnable Cauſe ne tendoit au
ſeruice de Dieu, mais au contraire à vne
meſchante & ſeditieuſe rebellion, ie m'en
ſuis du tout retiré, & n'y ay iamais adheré,

voyant qu'elle deftournoit les cœurs de
la foy & obeiffance que nous deuós tous
à noftre Roy, de laquelle nul vray Françoys ne fe peult deftourner fans la perte
de fon ame. I'ay penfé que noftre Roy
Charles eftoit enuoyé du Ciel pour eftein
dre ces feux qui nous confumoient du
temps de Françoys & Henry fes pere &
ayeul. Ie me fuis contenté de ce qu'il m'e-
ftoit permis de viure en paix & tranquillité fouz fa protection. Mais quant à ces
fauteurs de la Caufe, qui tendoient à autre chofe qu'à l'eftabliffement de la Religion, & s'eftudioient à nouueautez, ie leur
ay fouuentesfois predict les calamitez &
tempeftes dont nous fommes maintenát
opprimez auec eux. Ce que ceux qui re-
ftent des affectionnez à ladicte Caufe, ne
me fçauroient nier. Or nous fommes tous
perduz: fi vous m'en demandez particu-
lierement l'occafion, ie ne vous la puis
dire, feulement vous puis dire que nous
fommes perduz, & du tout perduz, fi
Dieu ne nous ayde. Mais vo feul poinct
me tourmente fort, c'eft que nous endu-
rons pour les faultes d'autruy, & fommes
fort marris que nous, qui ne nous addon-

nons à autre, qu'au repos & à la pieté,
ayós souffert naufrage auec les seditieux
auec lesquelz nous ne nous estions iamais meslez, mais au contraire nous en e-
stions du tout separez de faict & de volonté. Ce que vous pourrez mieux con-
gnoistre par la marque qui nous distin-
guoit d'auec eux. Car les nostres estoient
doux & pacifiques, contens de leur presente fortune, & de la clemence de leur
Prince. Eux au contraire, turbulents, esle-
uez, & non contents de la liberté de con-
science & exercice de religion qui leur
estoit octroyé, ilz vouloient tout renuer-
ser, se nourrissoient de sedition, & prenoient l'incertain pour le certain.

Bref toutes les marques par lesquelles
en l'escripture saincte on peult discerner
les bons d'auec les mauuais, nous sepa-
roient d'eux. Ilz faisoient assiduelle-
ment conuenticules & assemblées, là ne
se parloit n'y de Dieu, n'y de Paix, n'y
de tranquillité. Les propos qui s'y tenoient n'estoient que de guerres & es-
motions. En public ilz mettoient en a-
uant le pretexte de la Religion, en secret ilz ne bastissoient rien que guerres.

& diſſentions. Et comme Minos & Ly-
curgue, ilz fondoient le principal ap-
puy de leur Republique ſur leurs armes.
Ainſi toute l'eſperance de leur Cauſe re-
poſoit du tout ſur leurs forces. Et non
contents de la calamité des guerres paſ-
ſées, dont on voit encores la France toute ruinée, ilz vouloient (afin que i'vſe
des motz de Samuel) deuorer perpetuel-
lement la France de leur glaiue. Et
toutesfois leur pretexte eſtoit, qu'ilz vouloient maintenir leurs Egliſes en pleine
liberté, laquelle ilz diſoient n'auoir en-
tierement par l'Edict de Pacification.

A ces peruerſes entreprinſes nous nous
oppoſions virillement, car nous eſtions
pluſieurs de bon aduis qui eſtions addonnez tant ſeulement à la tranquillité &
vraye picté,& deteſtions les guerres, prin-
cipallement Ciuilles, auſquelles (comme dict l'eſcripture ſaincte) l'amertume
giſt en la queue. Nous mettions en a-
uant le repos & tranquillité, & deteſtions les armes. Eſtions d'auis de changer les lances en coultres, & les eſpées
en beſches. Nous diſions qu'ilz n'e-
ſtoient eſmeuz d'aucun zele à maintenir

la liberté Chrestienne, mais que soubz
ce beau pretexte de liberté ilz vouloient
couurir leurs conspirations, & qu'il ad-
uiendroit, s'ilz ne se desistoient de leur
entreprise, qu'ilz seroient en bref frap-
pez de la main de Dieu, comme paroys
blanchies, pource qu'il est escript d'eux,
Ayans la liberté pour pretexte de malice.
Car iamais en aucun siecle si entiere paix
ne fut donnée aux Eglises, que celle qui
nous a esté donnée en nostre temps, par
la benignité du Roy Charles, de sorte
que nous auons peu vrayement dire, ce
que dict Nicephore de ceste grande paix
des Eglises, qui fut renouuellée soubz
l'Empire de Martian, qu'en nostre temps
les siecles ont esté d'or.

Les Historiens nous tesmoignent que
depuis Galien iusques à Diocletian, la
paix a esté tresgrande aux Eglises.

Les principaux poinctz de telle felicité ecclesiastique nous sont racomptez
par Eusebe, en ce qu'il dict que les Empereurs donnoiét aux Chrestiens les gou-
uernemens & dominations sur les Gentilz, & par leurs Edictz leur octroyoient

toute

toute liberté & seureté. Nous aurons eu
tout cela, & encores plus, ayans eu le Roy
si debonnaire, que les Papistes nous por-
toyent enuie & se playgnoyent de ce que
nous estions preferés à eux, disans qu'e-
stans enfans de l'ancienne Religion, & fils
aysnez de Prince, l'ancienne loy de Dieu
ne permettoit qu'ils marchassent derriere
les posthumes de la nouuelle religiõ, leurs
prescheurs alloyent publians de nous ce
que le tribu de Iuda disoit des dix tribus,
desquels il se plaignoit, de ce qu'ils luy a-
uoient esté preferez par Dauid, disant:
Ils ont desrobé le cœur du Roy. Et à la verité ce bon
Prince nous a esté si doux, qu'aucun ne
sçauroit nier (sil n'est du tout empoisonné
de ce noir venin de la cause) que ce Roy
plain de toutes vertus ne nous ayt fauori-
sé iusques là, que d'auoir receu humainement, & orné en ce qu'il à peu, ceux mesmes qu'il sçauoit faire tous les iours assemblées illicites au dommage de luy &
de son Royaume, à fin de les gaigner par
douceur & les destourner de leur miserable
entreprinse, imitant en cest endroit
Auguste, lequel ayant esté aduerty que
Cinna neueu de Pompee luy dressoit em-

buscher, l'ayant faict venir à foy le traicta
fort humainement, le fit feoir pres de foy,
& luy offrit le Confulat pour luy amolir
fon courage, & le rendre fien, ce qu'il fit.
Quant à nous congnoiffans que toutes
ces chofes fe faifoient fi liberalement par
le Roy, & au contraire que ceux de la Caufe demeuroient obftinez en leurs malheureux propos, nous eftions tous marris, &
contrainctz de confeffer auec les Papiftes, que le Roy, bien que d'ailleurs rem-
pli de toutes vertus, auoit le vice de Theo-
dofe le Ieune, & Alexis Cómene. Empereurs, c'eft à fçauoir la trop grande cleme-
ce, pour laquelle, comme nous tefmoi-
gne l'Efcriture Sainéte, Dieu à iadis chaf-
fé les Roys de leurs Royaumes. Et combien que le Roy retinft la religion de fes
ayeulx neantmoins iamais il ne parla mal
de la noftre, nommant nous, & ceulx do
noftre religion de noms treshóneftes tãt
en public qu'en particulier, s'abftenant, &
commandant par fes edicts qu'õ s'abftint
de ces vilains noms que les Papiftes fou-
loient nous dóner, d'heretiques, feditieux,
& crimineux de leze Maiefté, ne permet-
tant en façon du monde que nous fuf-

fions prouoquez de faict ny de parolles.
Et pour le regard de nos miniftres, il a re-
nouuellé de noftre temps ce fainct & ce-
lebre edict de Valentinian, qui deffendit
à toutes perfonnes de n'irriter ny prouoquer les Miniftres de l'Eglife, comme e-
ftás laboureurs du champ de Iefus Chrift
& procureurs du grand Roy. Et en com-
pofant les edicts de paix, il commanda
qu'on effaçaft les parolles qui s'y trouue-
roient aigres, & qu'on y en mift au lieu de
douces, & qui n'euffét aucune aigreur, àfin
qu'il ne fémblaft poît qu'il voulfift marquer
de parolles ceux qu'il émbraffoit cóme tref-
fidelles fubiects. Enquoy, comme en plufieurs autres chofes il monftroit la douceur de fon efprit, & combien il eftoit ef-
loigné du naturel des Princes, qui faifans
bien aux perfonnes attachent leur honneur de parolles. Enquoy auec iufte caufe
eft reprins Nerua, lequel lors qu'il donna
la paix aux eglifes des Chreftiens, & qu'il
fit eflargir leur prifonniers, il coucha fon
edit en ces termes, Qu'il vouloit ḡtous les
coupables d'impieté fuffét abfoulz, quoy
difant il marquoit d'impieté les vrays cul-
teurs de pieté. Bref, toutes & quantesfois

que sa Maiesté s'est trouuée aux iugemés
des proces d'entre nous & les Papistes, elle s'est renduc si fauorable enuers nous,
que les Papistes en murmuroiét bien fort,
disans que le Roy n'estoit gueres esloi-
gné de nostre religion comme ancienne
ment plusieurs soupçonnoient Alexandre Seuerus d'estre Chrestien souz ombre qu'il fauorisoit les Chrestiens en ses
iugemés. Mais le bõ Prince encores qu'il
entendit bien que si vn peuple est mal e-
difié de la religion de son Prince, il ne luy
obeit pas volontiers, d'autant qu'il tolere
plus volontiers ses mœurs corrõpues que
sa doctrine peruertie, à l'exẽple de l'Empe
reur de Constantinoble, qui abandonna
BASILISCVS tenant la religiõ peruerse,
pour prendre Zenõ Prince de mauuaises
mœurs, mais de religion bonne: Aussi qu'il
auoit ouy dire que du tẽps de Lotaire, le
Roy de Bulgarie auoit esté fort affligé &
presque depossedé de sa couronne par les
siens pour mesme cause, neantmoins encor qu'vn tel danger ne fust à despriser, il
ne chãgea point pour cela de courage enuers noꝰ, & ne laissa de nous faire cognoi
stre en tout & par tout cõbiẽ il nous auoit

pour aggreables, nous accordant toutes
choſes de fort bon cœur, & ne voulât en
façó du monde nous deſplaire pour plaire
aux Papiſtes, qui le preſſoient fort, & les
plainctes deſquelz eſtoiẽt par luy ſagemét
diſſimulées,& virilement reprimées . Et
quãd les principaux des Papiſtes delibe-
rãs en ſon conſeil priué de la tranquillité
du Royaume luy mettoiẽt en auant ceſte
ſentence de Diocletian, que le Royaume
ne pouuoit eſtre remis en ſon premier e-
ſtat,ſi premier la varieté des religions,n'e-
ſtoit oſtée,& chacun contraint de retour-
ner à ſon ancienne religion,& que s'il en-
ſuyuoit l'ordre qui auoit eſté tenu par ſon
pere & ſes predeceſſeurs, la choſe publique ſeroit bien regie & conſeruée,luy re-
monſtrans que luy meſme deuoit mettre
la main à chaſſer ceſte nouuelle & eſtran-
gere religion, & en cela imiter Paul Æmil
conſul, lequel, quand le Senat fut d'auis
qu'il falloit demolir les autels eſtrangers
d'Iſis & de Sirapa, ne ſe trouuant aucun
manouurier qui y oſaſt mettre la main, a-
pres auoir deſpouillé ſa robe, print vne
hache, & en donna contre les portes
de leur temple, diſans que le Roy deuoit

faire le semblable, & alleguans plusieurs
autres raisons pour l'exorter à ce, luy se
monstrant ferme & constant pour l'ob-
seruation de son edict de paix ne leur vou
loit prester l'oreille, mais leur faisoit la
mesme respóce que l'Empereur Michael
fit iadis à Nicephore qui le vouloit aigrir
par lettres contre ceux qui ne vouloient
honorer les images, Ie ne contrainctes personne à la religion. Semblablement aux
moynes, Sorbonistes, & autres semblables, qui par harangues elaborees & ve-
hementes l'auoient voulu enflamber con
tre nous, il leur fit vne responce semblable à celle que fit Iouinian l'empereur aux
Macedoniens qui l'auoient voulu esmou
uoir par plusieurs calumnies contre les
Catholiques, sçauoir est qu'il detestoit les
contentions, & aymoit & honoroit ceux
qui viuoient en bonne paix & cócorde.
Et tout ainsi q̃ le mesme Iouiniã iposa silē
ce à Lucius prestre Alexãdrī qui par frequē
tes lettres accusoit & calūnioit Athanase
Euesque Catholique, semblablement nostre Roy supprima les escriptz diffamatoi-
res de semblables gens qui ne tendoient
qu'a troubler, & leur imposa silence. Bref

en routes chofes fa clémence à esté telle
enuers nous, que vrayement nous auons
peu dire ce qu'anciennemét on a dict de
la gráde tranquillité des eglifes du temps
de Maurice. En l'eglife du Seigneur pieté
& felicité marchoiét enfemble. Car quád
les anciens ont voulu dire aux plus mauuais temps que les eglifes eftoyent affli-
gees ils ont noté qu'il n'eftoit point permis aux eglifes de conuoquer prefches &
finodes, comme au temps de Licinius. Au
contraire quant ils ont voulu remarquer
vne grande tranquillité aux eglifes, ils ont
dict qu'ils fi faifoient plufieurs&frequents
finodes & affemblées. Nous auons eu
toute liberté, feureté, & frequence de Si-
nodes, &telle que l'antiquité n'en à eu de
plus grandes, ce que vous auffi Portes, a-
uez affez congneu. Car ce bon pafteur
qui adore la Candide, & penfe qu'il ny ait
autre Deité qu'elle, vint de voz quartiers
pour affembler le Sinode, & y prefider au
grand regret de tous les gens de bien. Il a
contrainct le Parlement de publier les e-
dicts de pacification pour vne plus grande feureté & liberté. Le Parlement fe def
fendoit par l'auctorité des anciennes loix

à l'exéple du Senat Romain , lequel quäd
il eut fait mourir Apollonius Chreſtien
contre les loix d'Antonius qui deffen-
doient qu'aucun ne fuſt puny pour la religion Chreſtienne , s'excuſa diſant qu'il
auoit des anciennes loix par leſquelles il
n'eſtoit permis de laiſſer eſchapper aucun qui ſe côfeſſaſt Chreſtié . Mais noſtre
bõ Roy ne reçeut ny approuua ſéblables
excuſes,& ordóna que les nouuelles loix
derogeroient aux premieres,& que ſelon
elles les iugemens ſeroient dõnez. Et ayãt
entendu que pluſieurs prenoient en mau
uaiſe part ceſte publication d'Edicẓ , diſans de luy ce que iadis on diſoit de Maximinus qui commandoit de publier des
edicts pour la liberté des Chreſtiens, ſça-
uoir eſt que le Prince faiſoit ſes edicts par
ignorance, noſtre bon Roy eſmeu de ſem
blables propos pour monſtrer qu'il ne les
auoit point faicts ny par ignorance ny par
ſurprinſe , ains auec plaine cognoiſſance
de cauſe à voulu ſouuentesfois aſſiſter à
la publication de ſes edicts luy meſmes,
& pluſieurs fois à diſcouru fort diſerte-
ment ſur les raiſons qui l'auoient induit
à faire ſon edict de pacificatiõ. Entre tous
les

les Edicts qui ont esté anciennemét faicts en faueur des Chrestiens, celuy que Maximinus fit publier estant prest de mourir est principalement celebré, par lequel il ordonna que tous Chrestiens fussent remis sans rien payer en tous leurs biens qui leur auoient esté occupez par le fisc, ou par les citez, ou qui auoient esté autrement donnez ou vendus à des particuliers, Par lequel edict Maximinus fauorisa les Chrestiens au dommage du tiers achepteur ou possesseur, contre droit & iustice. Mais les Chrestiens n'ont senty aucune commodité de cest edict durant la vie de Maximinus ny apres sa mort. Mais nous auons reçeu grande commodité de ces edicts par la clemence de nostre Roy, qui n'a iamais cessé iusques a ce que la chose fust paracheuee, & que nous suffions du tout remis en despouillant les possesseurs de bonne foy, sans qu'il nous coustast rien. D'auantage il se fioit beaucoup plus à ceux de nostre religion qui n'auoient iamais varié qu'à ceux qui auoient suiuy tantost l'vne part, tantost l'autre, iugeant ce prince tressage que ceux cy entretenoient en leur cœur vn mon-

ceau d'impietez recueillies de plusieurs
religions diuerses. Ainsi ce bon prince les
mesprisant taxoit couuertement leur in-
constance, à l'exemple de Leon Empereur qui n'auoit voulu mettre l'Empire
entre les mains de Zenon, pource qu'il
auoit varié en la religion, mais auoit esleu
pour son successeur son fils, qui n'auoit
tõbé en semblable vice que le Pere. Chacun sçayt de quelle humanité & libera-
il à receu & traicté les Ambassadeurs des
Princes Allemans de nostre religion, qui
parloient pour nostre liberté, & eux mesmes peuuent resmoigner comme ilz furent renuoyez honnorablement auec pre
sens & impetration de ce qu'ils deman-
doient, Il leur promit de nous donner
tout exercice & seureté de nostre religion, il n'a point mis cela en longueur, il
n'a point adiouxté de condition. Ce bon
& liberal Prince n'a point voulu imiter
hunnericus hundrius Roy des Vandales,
& des Alains, auquel quand l'Empereur
Zenon eut demandé par ses ambassadeurs la paix pour les eglises Chrestien-
nes, & speciallement pour celle de Car-
thage, il otroya vrayement l'exercice

de religion à tous les Chrestiens qu'il auoit en sa subiection, mais à telle condition que ceux de sa secte auroient semblablement exercice de la leur dans Constantinoble & par tout l'Orient. Mais ce Prince liberal n'a point voulu vser de ces reciproques demandes, non du tout iniques & hors de raison enuers les Princes d'Allemagne, & la Royne d'Angleterre, Car il nous à donné entiere liberté à leur requeste sans exceptions ny conditions quelconques.

Et ne s'est point courroucé contre les nostres de ce qu'ilz sollicitoyent les Princes estrangers à parler pour eux.

Car ceux qui demandent par autruy ce qu'ils deuroient demander eux mesmes semblent se defier de la clemence de leur Prince, & telles choses ont accoustumé d'engendrer grandes defiances en l'endroit des Princes soupçonneux. Mais nostre Prince tresdebonnaire ne s'est point offencé de telles choses que les autres ont accoustumé de punir en leurs subiects.

Car il est deffendu au subiect de negotier
auec l'estrãger sans le cõgé de sonprince.
Et a ceste cause on dit que Theodorus E-
uesque d'Antioche fust iustement enuoyé
en exil, pource qu'en cachette & au des-
çeu du Prince d'Arabie son seigneur, il a-
uoit escript vne lettre à Cõstantinus, Aussi Sapor Roy de Perse chassa Simeon E-
uesque, pource qu'il estoit trop familier
de l'empereur de Rome.Mais nostre Prin
ce n'a tenu compte de ces choses,ne voulant à l'exemple d'Agesilaus estre iuste, &
vser de son droit à l'écontre de nous qu'il
aymoit. Il s'estudioit du tout à conseruer
la paix entre nous & les Papistes,& si gou
uernoit en telle maniere, & tenoit vn tel
moyen que le cours des deux religions e-
stoit fort tranquille en son Royaume, &
par sa grande prudence & vigilance nous
rendoit facile vne chose qui sembloit du
tout impossible. Il fut publié vn edict du
temps de Rotaire Roy des Lombards,que
par tous les lieux d'Italie il y auroit deux
eglises & deux Euesques, l'vn Catholique,l'autre Arrien : tant qu'il pleust à Rotaire,la paix dura en Italie entre les deux
eglises, mais lors qu'il eut changé d'opini-

on & qu'il ne ſe ſoucia plus d'interpoſer
ſon authorité à la conſeruation de ceſte
tranquillité, la paix fut ſoudain rompue
entre les deux egliſes. Mais noſtre paix
a eſté interrompue, non par la faute du
Roy, mais par noſtre propre vice, & par
nos factions, Car noſtre Roy eſt touſ--
iours demeuré en meſme volonté de garder ſon Edict, & par luy il nous eſtoit
loyſible de viure en repos & tranquillité.
Sçachez donc en brief par quelz moyens
& par quelles factions, & machinations
des meſchans hommes nous ſommes decheuz d'vn ſi grand repos & tranquillité
ou nous eſtions. Enquoy à fin que les
meſchans qui ſont à l'entour de vous
ne diſent que ie controuue aucune choſe, i'appelle Dieu à teſmoing que tout
ce que ie diray ne ſera ny en faueur de
noſtre Roy, ny en hayne ny charge d'aucun. Ceux qui m'ont congneu de longue main ſçauent combien ie ſuis ennemy de menſonge & de vanité, Car ie
ſçay que les Theologiens attribuent le
menſonge aux Diables, & les Philoſophes le nombrent entre les choſes deſ-
honneſtes.

C 3

Sainct Augustin voulant monstrer que toutes les persecutions de l'eglise estoient nées des seditions & des factions que les Iuifs fabriquoient en leurs Synagogues, a appellé le Synagogue des Iuifs la sentine de persecution. Ainsi nous pouuons appeller ceste meschante & malheureuse Cause, qui est le seul motif de nostre ruine, nous le pouuons à bon droit nommer la fontaine & source de toutes nos persequutioons. L'inquietude, l'insolence, & la conspiration des nostres qui s'efforçoient d'auancer ceste Cause par damnables moyens nous a priuez de nostre liberté Chrestienne, de nos patries & de nos biens. Ainsi nous innocens estans meslez en ce tumulte auec les meschans & seditieux sommes punis & auons soustenu le courroux de nostre Prince. Ainsi anciennement les Iuifs par leur esprit turbulent irriterent les courages des princes payens contre eux & les Chrestiens ensemble, de sorte que par la faute deux seuls les vns & les autres furent chassez, comme les histoires le tesmoignent, du temps de

Claudius.

Semblablement du temps de Traian pour la sedition des Iuifs les Chrestiens encores qu'ils fussent innocens furent quant & quant chassez par l'ordonnance du Senat, comme ennemys de la republique. Lesquelz Iuifs estans rebelles & seditieux de nature, ne pouuans exciter les Chrestiens à estre rebelles à leurs Princes les pourfuyuoient comme ennemys mortelz, comme tesmoigne Iustin en son coloque auec Tiphon, iusque là, qu'au temps d'Adrian B A R O-C H A B A S, Chef de la faction Iudaique ne pouuant exciter les Chrestiens (qui n'estimoient estre permis de soppofer à leurs superieurs) à s'armer contre le peuple Romain enuahit les Chrestiens mesmes & exercea vne esmerueillable cruauté contre eux.

Ainsi ces sectateurs de la Cause desirans defendre leur Cause mal instituée par nostre sang, se sont en vain efforcez de nous faire prendre les armes, & nous rendre coulpables de leurs maudittes conspirations, dont ils ont

irritez griefuement, ceux qu'ils ne pouuoient blesser auec le fer estoient par eux
outragez d'iniurieuses parolles, de sorte
que nous qu'ils auoyent prins en hayne
plus que les Papistes mesmes, estions des-
chirez par eux de toutes sortes d'iniures &
medisances, & pour n'auoir voulu estre
complices de leur malheuretez nous e-
stions separez d'auec eux . Nous donc à
l'exemple des Lacedemoniens, estimions
qu'il falloit sacrifier aux Muses & non à
Mars, c'est à dire qu'il falloit chercher tous
moyens honnestes de reconcilier auec
nous les Papistes nos aduersaires auec
tous bons offices, sans les prouoquer d'a-
uantage par iniures, ny par armes à l'en-
contre de nous. Eux au contraire disoient
qu'il falloit poursuyure hostillement les
Papistes par toutes voyes, soit par armes
ou par parolles, & qu'il falloit lascher la
bride à la fureur . Ils auoient tousiours en
la bouche la trompette du seditieux S e b e,
par laquelle il excitoit le peuple à sedition & rebellion contre le Roy Dauid.

Ils disoient aussi que la paix & vnion
ne se pouuoit religieusement ny Chre-
stiennement

ftiennement entretenir entre les Papiftes & nous, & qu'il fe falloit garder par tous moyens que cela n'aduint comme eftant chofe pernicieufe à la Caufe. Et pour le mieux perfuader ilz alleguoient plufieurs raifons prinfes de l'authorité de ie ne fçay quelle nouuelle Theologie tirée de ce vilain lac, duquel on a tiré comme d'vne mine & carriere toutes les feditions & confpirations. Ilz n'auoient faulte de Miniftres apoftez, lefquelz inftruictz en la mefme efcolle de mefchanceté, excitoient les cœurs des plus paifibles à fedition, & par leur furieux prefches deftournoiét plufieurs gens paifibles de leur bóne nature. On dict que Xenocrates a tellement touché le cœur de fes auditeurs, que plufieurs apres l'auoir ouy, de diffoluz deuenoient temperans & modeftes. Mais des prefches de ces furies aucun n'é reuient plus modefte, aucun n'en deuient meilleur, au contraire de paifibles & modeftes qu'ilz eftoient, ilz s'allument tellement de cefte fureur, qu'ilz deuiennent prompts & hardis à commettre toute forte de mefchanceté. Autre fois Pierre Ramus homme de bien, & fort eflongné de

la Cauſe, & moy, nous ſommes trouuez
au preſche d'vn de ces Miniſtres qui deſ-
gorgeoit pluſieurs iniures contre les Papiſtes, & excitoit les ſiens à ſedition, nous
fuſmes contrainctz de ſortir auec vn fort
grand creuecueur, & non ſans murmurer
côtre luy. Dequoy ce bon homme ſe ſen-
tant offencé, nous en vint demander la
raiſon, apres auoir acheué ſon preſche.
Nous luy fiſmes ceſte reſponce, En l'hi-
ſtoire eccleſiaſtique Valentinian lieutenât
de Iulian, qui depuis fut Empereur, a eſté
fort loué de ce que faiſant compagnie à
Iulian allant au temple, de fortune il bail-
la vn coup de poing au portier du temple,
pource qu'à l'entrée il luy auoit iecté vne
ſeule goutte de leur eau de purgation, ſur
ſon veſtement, d'autant qu'il diſoit que
luy qui eſtoit Chreſtien ne ſe ſentoit point
purgé de ceſte eau Ethnique, mais pluſ-
toſt ſouillé. Auſsi ſi nous t'euſsions donné
des coups de poing à toy qui as ſouillé &
offencé noz oreilles, en eſpandant le venin de ta ſeditieuſe Cauſe, vn chacun
poutroit dire que nous aurions faict choſe digne de toy & de ta fureur. Ainſi nous
ſe laiſſaſmes, apres l'auoir griefuemеnt

tancé. Les Ministres n'oublioient rien à faire pour exciter les gens à sedition, & rompre la paix publique.

Au contraire nous auions plusieurs de noz Ministres gens de bien, sçauans, & craignans Dieu,& detestans la Cause,lesquelz nous opposions comme vne muraille à leur entreprise. Sçauoir est d'Espina,des Rosiers,Albrac, Capel, de la Haye, Mercure, & plusieurs autres, lesquelz vostre souuerain Pontife (qui par la lecture des Poetes lascifs & de Rabelays,tant aduancé en impieté & impudence , qu'il ne peult gouster aucunement la pieté) hayssoit & detestoit, & les auoit notez de sa censure comme deserteurs de la Cause. Car il a ordonné par ses decrets que quiconques ne se lieroit auec serment à la Cause seroit excommunié.

Mais nous qui mesprisions ses censures mettions peine,à ce que ce mal public de la Cause n'augmentast , & ne prinst racine. Et quant à moy qui estois fort occupé à mon office d'Aduocat, i'employois tout le loisir que ie pouuois prendre à combattre ceste furie.

Or la principale raison qui m'induisoit
à detester & opprimer ceste Cause, estoit
que ie voyois que ceux qui s'y estoient vne
fois liez estoient si changez que personne n'eust iugé que iamais ilz eussent
esté François. Car ilz commençoient incontinent à parler si mal du Roy & des
Princes de France, & monstroient en a-
uoir si mauuaise opinion, & hayssoient de
telle sorte la race de Valloys, qu'ilz auoiét
horreur de l'ouyr seulement nommer.
Dont voyant vne si grande mutation,& si
eslongnée des cœurs & mœurs des François, ie me suis doubté que les Sacrifica-
teurs de ceste malheureuse Cause ne rece
uoient personne en leur roolle, que premier ilz ne luy eussent arraché le cœur,
dans lequel chacun François a la fleur de
lys, & l'amitié de son Roy vifuement en-
racinée, Imitás en cela Nahas qui ne vou-
lut onc receuoir les Iabiens, sinon que
souz condition qu'on leur arrachast l'œil
dextre. Et certainement, afin que nous
mettions à part toutes fictions, depuisque
quelques vns estoient enrollez en la Cau
se, comme s'ilz eussent perdu l'œil dextré,
ilz regardoient de trauers de leur œil gau-

che,& enuieux de l'heur de noſtre Roy,&
la proſperité de ſõ Royaume. Et eſtoit ceſte hayne& ce venin infus& diſtilé dans le
cœur de noz Françoys, principalemét par
ce meſchant qui preſide ſur vous , & qui,
comme s'il eſtoit de la nation Aſſõmonée,
obtient le Royaume & Pontificat : lequel
voyant que la France, qu'il vouloit mettre à feu & à ſãg,eſt eſchapée vne & deux
fois de ſon goſier , ſeſt tellement enflam-
mé contre noſtre Royne (laquelle ayant
le gouuernement de ſon filz ieune auoit
rompu prudemment & virilemét tous ſes
deſſeings) qu'il ne taſche maintenant que
d'abolir le nom de Valloys , & renuerſer
l'eſtat de la France, diſant publiquement
qu'il fault oſter la mere & les petitz, afin
que i'vſe de ſa façon de parler. Il enſeigne
cela publiquement tant de bouche que
par eſcript,& l'imprime dans le cœur & la
poiᶜtrine de tous ceux de la Cauſe. Voyla
le principal but de la Cauſe auquel aſpi-
rent & tendent tous les efforts de ceux
qui en ſont. Ilz s'en promettent bonne
yſſue par l'auᶜtorité de leur abominabie
Prophete,la voix duquel eſt à ces gens a-
ueuglez comme vn oracle , & les eſcrits

comme les liures de la Sybille . Et pour
mieux y exciter ceux de fa Caufe, & atti-
rer plus de gens à icelle , il fainct comme
vn fecond Catilina que plufieurs grands
feigneurs & gens de bien , qui neãtmoins
deteftent leur fedition, font occultement
de la partie. En apres il donnoit faucemẽt
à entẽdre qu'on auoit faict des affemblées
en Angleterre & Souyffe pour aduancer
les affaires de la Caufe, au preiudice du
Roy & de ce Royaume. Et que tous a-
uoient confpiré à ces fins, & auoient promis d'y employer leur peine, leur bien, &
leur puiffance, moyennant que ceux de
la Caufe de France euffent bon courage,
& qu'ilz fuffent bien deliberez de s'efle-
uer promptement en armes. Il blafmoit
inceffamment la lafcheté de ceux de la
Caufe, de ce que viuans en paix & tranquillité il fembloit qu'ilz euffent oublié
l'inimitié qu'ilz portent au Roy & aux Pa
piftes. Il difoit que s'ilz fe haftoient la vi-
ctoire eftoit en leur main , au contraire
que par trop longue attente les occafions
fe perdoient. Et faifoit fçauoir tout ce que
deffus au prince de la Caufe, & à fes plus
fidelles Confeillers , par lettres, efcriptz,

marques,noms changez,& deſguiſez,afin
de tenir couuertes ſes meſchantes inten-
tions à nous qu'il craignoit autant que les
Papiſtes : d'autant qu'il ſçauoit que vac-
quans tant ſeulement à pieté & tranquilité nous le deteſtions auec ſes ruſes. Mais
ayás moy & quelques vns des noſtres deſ-
couuert par bruictz , ſoupçons, & autres
indices aſſez certains qu'il en vouloit à la
perſonne du Roy,& taſchoit de renuerſer
ſon eſtat, nous luy eſcriuiſmes ſouuent au
parauant ceſte derniere conſpiration pluſieurs lettres rudes & plaines de menaces
par leſquelles nous luy denoncions nou-
uel œuure,& qu'il ſe departiſt de ceſt œuure ſeditieux & diaboliq, &, nous laiſ-
ſaſt iouir de la paix & repos,ſans ſe meſler
des affaires de France. Mais en fin nous
n'auõs peu eſchapper que ce malheureux
ennemy du Royaume & du repos public,
auec ſa funeſte Cauſe , dont il a ietté les
fondements par l'induction de Sathan,
ne nous ait faict tomber en ces calamitez & ameriumes.

Et ce pédant ſans ſe mettre en dáger, loin
de terre, il regarde Neptune faiſant rage,

prenant son plaisir au milieu des báquetz
& tauernes, tandis que nous pleurons, &
sommes en exil pour sa meschácete. Lors
qu'il oyoit dire que nous menió s paisible
vie, & qu'au Ciel de France il n'apparois-
soit aucunes nuées de seditions n'y tumul
tes, il en estoit fort marry. Et incontinent
afin d'exciter tumultes, & remettre sus
l'autel de Discorde, il enuoyoit icy au se-
cours des nouueaux suppostz &ministres
de sa fureur & audace. Mais quand il oyoit dire qu'il y auoit quelque meurtre fait
en France, qu'il y auoit eu sedition ou bat-
terie, telles nouuelles luy tomboient dans
la poictrine plus douces que miel (afin
que i'vse de la façon de parler d'Homere)
car c'est chose qui luy est donnée de nature, qu'il repaist fort volontiers ses yeux
de sang humain, comme vn autre Alpius:
Tellement que quand il oyt dire que les
Françoys se battent & s'entretuent en be-
stes brutes, telle nouuelle le resiouit, le
doux pasteur & Euesque qu'il est .Par ses
edicts qu'il a faict sus le faict de la guerre,
il commáde que tous Papistes soient ruez
disant que s'il en reste aucun viuant, sa
Cause ne peult estre asseurée Il comman-
de

de qu’on coupe les parties honteuſes aux
moynes & preſtres, il dict qu’il en veult
emplire vn puy comme iadis Alachis tyran des Lombards auoit entrepris de faire ſi la mort ne l’euſt preuenu. Et quant à
nous qui refuſions de nous enrooller en
la Cauſe,& qui nous en eſtions ſeparez, il
eſtimequ’on nous doit proſcrire & bánir
au loing. Si toutes ces choſes aduiennent
comme deſire ce malheureux Tyran (ce
que Dieu ne vueille) il faudra luy dire ce
que quelqu’vn dit à Sylla, voyant qu’il ne
vouloit mettre fin à ſes proſcriptiõs.Auec
qui viurez vous en France? car ceux qui
demeureront de ceux de la Cauſe malay-
ſement pourront peupler vne ou deux
villes.Mais ſon eſprit aueuglé ne voit rien
de tout cela,tant il eſt animé cõtre le Roy
& ſon Royaume, qu’il demande la ſolitu-
de & deſolation de la France à quelque
pris que ce ſoit. Et ſi Dieu euſt donné à ce
bon Eueſque & Prophete ceſte force ad-
mirable de parolle qui auoit force de glai
ue,auec laquelle S. Pierre tua Ananias &
Sapphira : & S. Paul aueugla Elima, bon
Dieu quelz maſſacres feroit il en France:
Ce furieux couperoit d’vn coup la gorge

à toute la France: mais pource qu'il ne luy
est permis d'vser de cruauté à force ouuer
te enuers la France & enuers nous, il ne
cesse point de machiner sa ruine en cachette. Et voyant que ses entremetteurs &
messagers qu'il auoit departis par toute la
France n'auoient pas assez aduancé à son
gré la sedition & la Cause, apres les auoir
bien tançez, en fin luy mesme y vint souz
pretexte d'vn Synode general qu'il auoit
assemblé de diuers prescheurs de sa factió
non point pour traicter de la Religion,
mais de la Cause. A laquelle assemblée,
comme meschante & illegitime, dreslée
tant seulement pour nourrir & entretenir
les seditions en France, resisterent tous
ceux qui tenoient pour la religion pure,
eslongnez de faction & sedition. mesmes
Pierre Ramus apprestoit vn liure plain
de doctrine & pieté contre sa faction &
temerité, par lequel il enseignoit qu'il e-
stoit venu en France en cachette, & comme par vne gouttiere, pour nous donner
par force le talmud de Sauoye, & nous se-
mer des feux & seditiós au lieu de la vraie
& saincteReligion. Ce liure eust esté bien
tost mis en lumiere par Ramus, s'il ne fust

mort en ces miseres. En l'assemblée la plus secrette de ce Synode, en laquelle il auoit reçeu les seulz de la Cause, & encor les plus fidelles, il ordonna nommément qu'on amassast de tous costez le plus que on pourroit de deniers comme estans les nerfs de la guerre. Et pour ce faire il aduisa que chacun vendroit ce qu'il auoit, & que l'argent seroit mis au plustost que on pourroit au tresor de Geneue, & à la bourse commune qui auoit esté nouuellement establie à ceste fin. Et quant au surplus de ce qui estoit necessaire pour a-masser les gens de guerre estrangiers il en prenoit la charge sur soy. Incontinent que i'entendis qu'on dressoit vne bource cô-mune, & que les nostres amassoient ar-gent, ie monstray que cela se faisoit sans aucun exemple de noz maieurs.

Que les anciennes Eglises des Chre-stiens n'auoient iamais eu bources com-munes, que pour les pauures, que nous offrions liberallement pour les pauures, & pour l'honneur de Dieu toute nostre substance, mais que noz bources n'e-stoient ouuertes à personne pour vouloir

entreprendre la guerre contre le Prince,
& le repos public. En la mesme assemblée
ceste furie ordonna que par toute la Fran
ce description fust faicte du nombre des
hommes, & des facultez de ceux qui font
profession de la religion. Tous les bons
refuserent d'entrer en cedenombrement
& description, pource que tel denombre-
ment est vne profession de subiection, laquelle n'est deue à autre qu'au prince. Ce
sont choses qui appartiennent aux Roys,
& non aux autres. Et mesmes d'autãt que
elles contiennent en soy quelque renou-
uellement & memoire de seruitude, les
Roys mesmes ne les doiuent pas faire à
toutes heurtes, n'y legierement. Mesme
Dauid fut affligé de Dieu (tesmoing Samuel) de ce que sans cause il auoit faict
censer & denombrer son peuple. Quicon
que estant priué vsurpe le denombremét
des hommes, & la bource commune, il en
treprend sur l'auctorité du Roy. Et dy que
ie ne pouuois bonnement croire que le
Roy qui est maieur peust endurer telle
chose.

Dauantage que la Cause eust son Prince enuironné de troupes, son Chancelier,

es Secretaires, ſes Ambaſſadeurs, ſes tre-
ſoriers, ſes Capitaines, ſes legiõs pour mu-
nir des Egliſes comme des Frontieres, que
tout cela ſe fiſt aux deſpés du peuple, que
de grands gages & ſalaires leur fuſſent aſ-
ſignez ſur le ſang & ſueur des ſubiectz du
Roy, qui d'ailleurs à grand peine ont puiſſance de payer les tailles & impoſitiõs or-
dinaires, Ie leur declarois que par telles façons de faire le peuple eſtoit oppreſſé, &
le Roy offencé. Car à la verité cela n'eſtoit
autre qu'eſtablir vn nouueau Royaume
en la barbe du Roy: Et preuoyois que telles choſes eſtás faictes, meſme en la court
du Roy, & en ſa preſence, elles ne pouuoient durer, n'y eſtre endurées long
temps.

Les peres de famille n'endurent pas volontiers en leur affaires domeſtiques, que
l'adminiſtration de leur bien ſoit vſurpée
par vn autre : plus difficilemant l'endurent les Roys en leurs Royaumes, & en
leurs Courts, eſquelles la pluſpart du téps
ialouſie & ſoupçon ont couſtume de faire leur nid. En fin ceſt argent faux & ve-
nimeux de la Cauſe amaſſé de noz lar-
mes & plainctes contre la volóté du Roy,

& fans fon mandement, eftoit diffipé, &
côfume par ceux de la Caufe en mauuais
vfages. Car plufieurs perfonnes inutiles
& indignes de viure à caufe de leur mefchanceté en eftoient nourriz fplendide-
ment & magnifiquement. Surquoy ie
vous veux dire vn exemple qui eft affez
congneu en Cour.

Vn pauure homme du pays de Gafcon-
gne vint à moy pour vn proces tout mal
en ordre, & defchiré, à qui ie preftay de
l'argent pour viure au iour la iournée.
Il aduint que par le moyen de l'ancienne frequentation qu'il auoit auec la fem-
me d'vn de la Caufe, qu'il entretenoit, il
fut par elle introduict en la Caufe. En
moins de rien il deuint tout autre que de
couftume, tellement que ie le mefcon-
gnoiffois. Ie le trouuay habillé à l'aduan-
tage, accompaigné de plufieurs valetz, au
refte defpendant vne infinité d'argent en
toutes fuperfluitez & voluptez. Ie demande à quelques vns qui l'auoit en fi
peu de temps efleué en tel heur d'vne fi
grande mifere, ilz me refpondent que
c'eft la Caufe. Ie leur demande encor
pourquoy vn homme de neant & moin-

dre que tous hommes s'estoit rendu si ag-
greable au Prince de la Cause, qu'il ne se
eslongnoit iamais de luy, on me dict qu'il
luy auoit promis son seruice en tel homi-
cide qu'il luy plairoit. Ce qu'ayant sçeu ie
tançay par plusieurs fois ces courtisans de
la Cause de ce qu'ilz n'auoient honte de
nourrir aux despens publics des hommes
de neant, couuerts de tous vices & mes-
chancetez, & les charger de leur Ambassades & negotiations les plus graues & se-
rieuses: A quoy ilz me respondoient à l'o-
reille que bien tost ilz feroient vn acte
grand & memorable. Dont ie colligeois
que la Cause auoit des larrons & des
meurtriers cachez dedans son sein comme dans vne guayne, qui deuoient plustost estre redoubtez par les Princes, que
par les personnes priuées.

Bref i'oyois dire qu'ilz assembloient
de tous costez des hommes hardiz, cou-
rageux, entrepreneurs, & prompts à la
main, pour faire quelque meschante &
malheureuse acte. Et quand ie m'en-
querois quel profit pouuoit porter ces
monstres d'hómes à la dessusdicte Cause,

ilz ne me respondoient sinon, c'est pour
faire vn beau coup. Ce pendant ilz viuoient, & estoient nourriz du nostre, de-
uans estre à l'aduenir cause de nostre ruine, car pour mon regard, à grand peine ay
ie peu eschapper les mains de ces meurtriers. Or n'ayans peu ceux de la Cause im
petrer du Roy qu'il declarast guerre ouuerte au Roy d'Espaigne, ilz entreprin-
drent de faire tuer en trahison par leurs
meurtriers les deux persónes les plus pro-
ches du Roy, l'vne en ligne directe, l'autre
en ligne collateralle, pensans que ceux là
les auoient empeschez d'obtenir du Roy
ce qu'ilz desiroient. Dont ayant esté semé
vn petit bruit par quelques vns, ayant entendu que les principaux de leur noblesse
en vouloient tenir conseil secret, ie persua
day à plusieurs gentilzhommes de nostre
pays qui m'estoiét fort amys de ne se trou
uer point en ceste assemblée, & suyuant
le conseil de Salomon qu'ilz ne se meslas-
sent point auec les seditieux, d'autant que
leur ruine est prochaine. Et ayans ceux là
refusé de s'y trouuer, & m'ayans assez legierement nommé autheur de ce conseil
non par malueilláce qu'ilz me portassent,
mais

mais fans y penfer , ils me mirent en grãd danger . Car ceux de la Caufe en eftans aduertis, d'autant auffi qu'ilz cognoiffoiét que ie leur nuyfois fort en d'autres affaires qui appartenoient à l'eftabliffement de leur Caufe, baillerét charge de me tuer à vn de ces volleurs qu'ils nourriffoient de noftre argent pour le detriment du public, & de tous gens de bien : lefquels le lendemain apres difner penfans me trouuer feul faifans des efcriptures pour mes parties comme i'auois accouftumé, de fortune il me trouua entre vne&deux heures apres midy difnãt plus tard que de couftume auec mes domeftiques & quelques vns de mes parties à caufe de quelques empefchemés que i'auois eu au matin. Parquoy il s'é retourna fans rien faire & fans mettre en euidence fa fureur. Oltrachus ayant efté enuoyé par Mithridates pour faire tuer Lucullus fouz ombre d'amitié, il ne peut entre chez luy, pource que de fortune il dormoit ce iour là à mydy : dont Plutharque efcript que le dormir du mydy le fauua. Ainfi le difner d'apres mydy me fauua. Car fi i'euffe difné à l'heure accouftumée ceux de la Caufe euf

sent perdu en moy vn grand ennemy. Ce
qu'avant entendu par Paul de Tholoze
qui m'aduertit en amy que si i'auois es-
chappé du fer pour l'aduenir ie me gar-
dasse du venin . Ayant deliberé de me
plaindre en public de ces embusches, il
me dist qu'en vne si grande licence de
meurtriers, il m'estoit plus seur de me taire & me garder : Par telle contraincte, &
menace ie fus contrainct de me departir
de la plaincte que i'auois deliberé de faire. Pource que ceux de la Cause remplis-
soient les brigands & voleurs de richesses,
tous les meschans s'assembloient à l'entour d'eux partie soubz esperance de bu-
tin, si la guerre ciuile, qu'ilz esperoient se
fust embrasée, partie aussi pour la friandi-
se de l'argent contét qui se trouuoit prest
pour tous ceux qui promettoient faire
meurtres en trahison, ou hardies entre-
prinses. Quelques vns des nostres attirez
par ces raisons, ou autrement de leur in-
clination mauuaise, d'autát qu'ils voyoiét
que la pauureté estoit la compagne de la
religion, eschappoient de nous, & s'adioi-
gnoient à ces meschans sectateurs de la
Cause. Mais nous portiós assez patiément

la perte de telles gens,& difions ce que iadis l'Eglife d'Angleterre auoit dit de Cad
balde Roy d'Angleterre,qui s'eftoit rangé
aux Idolles, pource qu'il ne pouuoit endurer les reprehenfions que les Euef-
ques luy faifoient pour fes fautes publiques,qu'il auoit nuy, non a l'Eglife,mais à
foymefmes. La Caufe s'enfloit de iour en
iour de mefchans & malheureux hommes: mefmes plufieurs gens de bien par
imprudence s'y laiffoyent tomber, penfans qu'il ne s'y traittoit d'autre chofe que
de la pleine liberté des Eglifes,de laquelle
les Miniftres de la Caufe faignoient auoir
l'Idée, & l'exhiboient au peuple comme
chofe populaire,& faifoient cóme Symo-
nides,lequel louät les mules faifoit métió
des cheuaux qui les auoiét engendrées,&
non des aneffes:ainfi ceux cy propofoient
en public la liberté de l'Euägile,de laquel
le,cóme d'vn bó cómencement à efté en-
gédrée cefte maleureufe Caufe,mais à l'en
trée de leur Caufe ils ne faifoiét mention
de la factió & cófpiration qui à fouillé &
corrópu cefte liberté d'Euangile,& parce
plufieurs hommes fimples& rudes,ou bié
les perfónes peu refolues en leur entende
mét,qui demenoiét diuerfes chofes en leur

esprit, estás attirez par ce premier aspect
de ceste beauté, & par le specieux nom
de ceste liberté estoient prins & engluez
comme par des filetz. En ceste liberté
Chrestienne, dont nous faisions profession vrayement & purement, & eulx fau-
cement & á fin de mal faire, il nous est aduenu ce qui aduint à l'espouse dont parle
Plutharque en ses narrations amoureu-
ses, laquelle ainsi que son mary la menoit
en sa maison fut empoignée par son a-
moureux, & comme chacun deux la tiroit
à soy, elle fut miserablement desmem-
brée: Ainsi nous vrays espoux tirions à
nous la liberté de l'Euangille pour en v-
ser, & ceux de la Cause la tiroient à soy
pour en abuser & deguiser leur meschanceté, & en fin ceste liberté deschirée &
annichillée s'est perdue, & est maintenant
deuenue à neant en France, & est ce mal-
heur aduenu, non par nostre faute, mais
par la meschanceté de ceux de la Cause,
comme i'ay deliberé de vous monstrer
par la presente suyuant ce que ie vous ay
promis par le commencement d'icelle.
Donc à fin que vous nous deliurez de
tout soupçõ de sedition, & que vous esti-

mez que nous sommes fans faute, fçachez
que toutes les contentions que nous a-
uons eu auec ceux de la Caufe, qui ont
efté en grand nombre, diuerfes, & aigres,
nous auons toufiours combatu pour la
pieté & tranquilité, & auons mis grande
peine à eftaindre toutes les flammes de
fedition que la Caufe allumoit de iour à
autre. Comme le vent de Mydy amaffe
les nuées, ainfi la Caufe des tumultes &
feditions: comme la Bife diffipe les nuées,
ainfi nous diffipions tant que nous pou-
uions leur mefchantes entreprinfes, &
n'efpargniõs rien pour y paruenir. Ils veil
loiẽt pour la guerre & pour la ruine du pu
plic, & en cela nous auions vne trefaigre
& trefdure contention contre eux à fin
de diffuader & empefcher la guerre, laquelle ils procuroient par tous moyens
à eux poffibles. Nous leur propofions la
fageffe des Gentilz qui ont voulu que lon
entrepreigne les guerres lors tant feulement qu'on nous trompe, qu'on nous có-
trainct, ou qu'on nous defpouille : Mais
tant s'en faut que nous peufsions prendre les armes contre les Papiftes foubz
ce pretexte, que fi nous voulions venir à

compte (comme on dit communéement) ils auroient plus grande occasion de nous faire la guerre pour ceste Cause. Les mesmes Philosophes ont estimé que la guerre, qui est chose presque brutalle, ne se doit iamais entreprendre sinon à fin d'auoir paix asseurée. Mais la Cause veut renouueller la guerre pour destruire vne paix & vn tresgrand repos public. L'âtiquité à tresbien conseillé qu'il faut supporter toutes choses plustost que de venir aux guerres ciuilles, & ont fort loué ceux ausquelz les armes ayants esté offertes ont mieux aymé aller en exil qu'estre cause d'espandre le sang ciuil. Et au contraire la Cause agitée de furies desire changer la grande tranquillité dôt elle iouit, en meurtres & desolations, sans estre aucunement outragée ny prouoquée, & desire veoir la mort des François soit à tort ou à droit, se proposant sa volôté & cupidité seule pour cause de iuste guerre, combien que les Theologiens estiment que les guerres ne se doyuent entreprendre par volonté, mais par necessité, & les remedes siaspres ne se doyuent vser sinon lors quela dure necessité nous presse.

Mais rien ne preſſoit la Cauſe, autre choſe ne la trauailloit que le trop de repos, & afin que i'vſe des parolles d'Euſebe, l'Egliſe foiſónoit trop en paix. La Cauſe deſtituée de tout pretexte raiſonnable de guerre, neantmoins preparoit la guerre contre le commandement de Dieu, & ſans la permiſsion du Magiſtrat: Et ſe doit appeller telle ſorte de guerre par les loix nulitaires non guerre, mais brigandage. Les armes des perſonnes priuées ſont exe crables s'elles ne ſont couuertes de l'authorité ou conſentement du Magiſtrat. Tant que le Prince de Condé à veſcu, ſon nom ſeruoit de couuerture à leur entreprinſes, à l'exẽple d'Abraham qui eſt excu ſe aſſez froidement de ce qu'eſtant perſóne priuée il arma les ſiens ſoubz pretexte qu'il auoit fait alliance auec Eſcol & Mãbre princes de grãde authorité, & qu'il auoit armé ſes ſoldats ſouz leur aueu. Mais le Prince de Condé eſtant mort, on ne peult alleguer pour autheurs de ceſte malheureuſe guerre, ces bons & innocens Princes qui luy ont ſurueſcu, veu que ayans beſoing d'eſtre authoriſez par autruy à cauſe de leur bas aage, ils ne peuuent donner authorité aux autres. Car par le benefice de leur aage le relieuement leur est tousiours ouuert. Et le Prince de Condé mesmes s'il viuoit ne vo' authoriseroit iamais en l'ētreprinse d'vne si meschante & volontaire guerre, desia il auoit congneu l'imposture & meschanceté de la Cause qu'on luy auoit couuerte d'vn voyle de religion. Et partant il commençoit à hayr & detester ce bon ministre de Sathan inuenteur de la Cause : & pour ceste raison quand on luy anonça la mort du Prince de Condé, ie le vy sautelant de ioye, pource qu'il cognoissoit que par la mort de ce Prince la principalle charge venoit à ceux qui fauorisoiēt plus qu'ilz ne deuoient leur meschantes factions & la Cause. Et aussi d'autant qu'il sçauoit que le Prince de Condé auoit grandement detourné son esprit de la Cause par le conseil de ce sainct homme Perocelly de qui cestuy cy estoit ennemy mortel, comme de tous les autres gens de biē. Ie pense que si le Prince de Condé eust eu loysir il eust dit en mourant à son filz & à son nepueu de ceux de la Cause ce que Iustinian le ieune mourant dit à Tybere

bere qu'il auoit defigné pour Empereur
en luy monftrant fes confeillers qui e-
ftoyét prefens, Ne leur croy point, ne leur
obey point, Car ils m'ont mis en la mifere
ou tu me voys. Nous nous efforcions, ô
Portes d'arracher les armes des mains des
feditieux, auec plufieurs autres raifons, &
aucunefois nous y profitiõs quelque peu,
& pour vn temps. Mais incontinent nous
oyions dire qu'ils auoient empoigné quel
que legiere occafion de s'efmouuoir. En
quelque lieu le Magiftrat auoit donné fa
fentence contre l'Edict de la paix, & partant il falloit deftruire & le Roy, & les Papiftes, & eftoiét excitez à ce faire par leur
mefchants Miniftres, de telle façon que
bié fouuét on fut venu aux armes, fi nous
ne fufsions accouruz pour leur remon-
ftrer que plufieurs parolles faulces s'ef-
pandoyent contre le Magiftrat, & leur en-
feignions qu'il ne falloit pas temeraire-
ment ietter vn Roy innocent hors de fon
trofne pour la faute d'vn Magiftrat, & que
les anciens s'eftoient fouuent oubliez en
ceft endroit. Car plufieurs afflictions e-
ftoient données anciennement aux Chre
ftiens par les lieutenans des Prouinces

& nommément par les gouuerneurs des Gaulles, comme tefmoignent les hiftoires contre la volonté des Princes mefmes Chreftiens, & en cefte façon plufieurs gens de bien eftoyent oppreffez. Ainfi Sainct Marin noble Soldat eut la tefte trenchée en Cefarée pour la religion Chreftienne contre la volonté de Galien Empereur foubz le regne duquel l'Eglife eut vne grande paix. Ainfi ont efté plufieurs indignitez perpetrées par les Magiftrats contre Sainct Ambroife au defçeu d'Arcadius.

Ie difois qu'il falloit corriger les fautes des Magiftratz, non par voye de fait, ny par fedition, mais par voyede iuftice, & qu'il falloit demander iuftice par iuftice, mefmes à vn Prince qui y eft fort enclin. Quand cefte fedition eftoit appaifée, vne autre fefleuoit fur le cháp. Ils faignoiét q̃ le Roy auoit fait q̃lque chofe pour eneruer l'Edict de paix. Ils menaçoient le Roy de feu, de foudre, de la deftruction de fon Royaume, ilz couroient aux armes. Nous remonftrions qu'il en falloit parler au Roy au parauant que de venir aux armes, & monftrions que les Roys

quelquesfois feruent à leurs peuples, &
qu'ils font plufieurs chofes par contraincte & mal gré eux, & qu'en ce cas iamais
homme de iugement & d'equité ne les
blafma. Loys le piteux a efté appellé le
protecteur de l'Eglife, & neantmoins il
enuoya en exil Nicephore Patriarche qu'il
aymoit fort, &qui eftoit congneu par fa
grande probité & faincteté de vie, & ce
pource qu'il ne plaifoit pas au peuple, auquel il ne pouuoit refifter fans meurtre
& dommage du public. Vne autre fois ilz
difoient qu'en allant à leurs prefches ilz
eftoyent haraffez par les mocqueries &
brocards du populace Papifte, & de la
ilz prenoyent comme des torches pour
allumer la fedition, & auoient tout à
propos leurs Miniftres qui les pro-
uoquoient à fureur, prefchans que toutes
iniures mefmes les plus legieres fe deuoient vanger par fang & cruauté, eftants
du tout efloignez de la douceur d'Eufebe
Samotafois, lequel eftant bleffé à mort
d'vne tuille que luy auoit ietté vne féme
Arrienne, il appaifa tous les fiens qui le
vouloient vanger, & mourant fit iurer
à fes amis qu'ils ne demáderoiét point pu-
nitiõ d'elle. Car ce faint hóme cognoiffoit

que quelques fois ceux qui pourſuyuent
trop aigrement la vengeance d'vne iniure, ſe ſont mis en grands dangers, & ont
prouoqué de grands maſſacres ſur leur
chef. Soubs Cumain gouuerneur de Iudée du temps de Claudius, pource qu'vn
ſoldat Romain retrouſſant honteuſemét
ſes habillemens, auoit tourné ſon derriere
vers le temple des Iuifs, voulant les Iuifs
s'en venger, ils eſmeurent vne ſedition
contre les Romains qui leur ſucceda ſi
mal que dix mille Iuifs y furent tuez. Et
finablement ce qu'on s'efforçea en vain
de vanger ceſte iniure legiere, fut cauſe
d'vne perſecution generalle ſur toute la
Iudée & Paleſtine. Les miniſtres de la Cau
ſe faiſoient courir ce prouerbe, *Fais toy brebis le loup te mangera*, diſans qu'ilz auoient eſté
maſſacrez par les Papiſtes, pource qu'a l'e
xemple des brebis, il menoient vne vie
douce & payſible, mais que ce temps de-
mandoit d'autres façons de viure, & d'autres mœurs. Qu'il falloit aſſaillir les Papiſtes, qu'il ne falloit laiſſer ſans vengeance
aucunes menaces, n'y iniures, qu'il falloit
de iour en iour entreprendre quelque
choſe par deſſus l'Edict, à fin que en vſur-

pant petit à petit, la liberté des Eglises, prist accroyssement. Au contraire nous disions que c'estoit chose digne de la modestie Chrestienne, de nous contenir dans les bornes des loix & limites de l'Edict. Car comme quelqu'vn des Theologiens disoit, la plus grande liberté Chrestienne qu'on sçauroit auoir, est de seruir aux loix. Bref ie disois qu'en attentant contre, ou par dessus l'Edict, nous nous rendrions indignes d'iceluy, comme infracteurs des conuentions particulieres que nous auons faict auec le Roy, & aussi comme violateurs de ce contract general, par lequel Sainct Augustin dict que tous les hómes sont astrainsts d'obeir aux Roys, ce que nous Chrestiens deuons faire plus que tous autres auec toute douceur, & sans gloire & audace, & comme dict saint Gregoire auec parfaicte humilité. Du temps de Valentinian l'Eglise d'Alexandrie s'estant renduc plus insolente que de coustume, & s'estant efforcée de passer plus outre q̃ la liberté qui luy estoit permise fut si abaissée & affligée, que les Chrestiens furent contraincts sacrifier aux Idoles des payens, ce que Dieu par sa clemen ce ne vueille permettre de noftre temps.

La liberté Chreftienne à toufiours efté anciennement donnée foubz cefte condition, que les Chreftiens viuroient modeftement & pacifiquement, fans rien entreprendre contre les loix, & la difcipline publique. En ces termes ont efté conçeuz les Edicts qui ont efté faicts de la liberté des Chreftiens, & des Iuifs par Augufte, Tybere, Caius, Traianus, Antonius, Pius, Maximinus, & autres Empereurs. Et mefmes les Chreftiens anciens font louez par Pline, & Serenus aux Epiftres qu'ilz efcriuent à Traian & Adrian, de ce qu'ilz faifoient toutes chofes conformément aux loix.

Mais quant ils commençoient à faire des feditions, defprifer les Edicts, & commettre quelque chofe côtre les loix, alors les Edicts qui eftoyent faicts de la liberté Chreftienne leurs eftoient oftez. Alors on ordonnoit contre eux des mortz, des tourments, des facagements, des pillages, des efcartellements, des brulements lames ardentes, tortures, precipices, rotiffements fur des grilz ardents, & autres chofes femblables. Et eftans priuez de liberté , ils eſtoient mis ſoubz le ioug de ſeruitude qu'ils auoient merité. Et d'autãt que par leur fureur ils auoient prouoqué ſur eux telles calamitez , perſóne n'auoit pitié d'eux, car comme quelqu'vn des anciens a dict, ce n'eſt point effuſion de ſang que punir les ſeditieux. Sainct Ciprien parlant de la perſecution qui fut ſouz Dece, qui auoit eſté prouoquée par la rebellion & ſedition des Chreſtiens , parle à eux en ceſte ſorte. La perſecution eſt venue de noz pechez : Vous ſuyuiez l'orgueil , vous renonciez au monde de parolles & non de faict. Vous vaquiez à ſedition & diſſention: nous ſommes donc batus comme nous le meritons.

Quant Sainct Ciprien dict ces parolles à ceux là , il parle auſſi à vous qui eſtes addonnez à la Cauſe , qui en violant l'Edict & les loix , & conſpirans contre le repos public , & le Roy auez precipité & vous & nous en ces calamitez , que des long téps vous deſiriez auácer ſi nous n'euſſiós quelque peu retardé voſtre fureur. Car eſtás le Roy de Nauarre & prince de Códé arriuez en Court, de ce lac qui no's à eſté ſi funeſte, & duquel iournellement les maux s'euaporent deuers nous, comme de la palu de Memphis, lettres nous sont aportées par lesquelles il estoit mandé à toutes les Eglises, que par l'aduenement de si grands Princes la Cause estoit venue en eage, & qu'il estoit temps que les Eglises haussassent leur courage, & qu'elles entrassent aux villes auecques armes, & fissent leurs presches dedans les murailles d'celles contre l'Edict. Les lettres estans reçeues & diuulguées, on commanda à vn chacun d'aller aux presches auec les armes. Comme on s'apprestoit à l'executió d'vne chose si dangereuse, nous y accourusmes pour diuertir vne si grande calamité, mesmemét de l'Eglise de Paris, Nous prions les Ministres de considerer dans l'histoire de Sainct Ambroise, comme dans vn miroir le pernicieux euenement d'vn conseil si pestifere. Gaina grand Capitaine soubz l'Empereur Arcadius, entreprist vne mesme chose, & voulant introduire les Arriens, desquels il estoit, dás les murs de Cóstantinoble, dans laquelle il ne leur estoit loysible de faire assemblées publiques, disant qu'il n'estoit pas conuenable que luy qui estoit grád capi-

taine

taine & venoit nouuellemēt de ſi grandes
expeditiõs de guerre allaſt prier dieu hors
des murailles de la ville, par ceſte façõ de
faire temeraire & inſoléte il tõba en ſoup-
çõ d'affecter la tyránie&fut cauſe de grás
tumultes & contentions,teſmoing Sainct
Ambroiſe . Et par ainſi afin d'euiter telz
maux ie diſſuaday,vne ſi dangereuſe &te-
meraire execution , laquelle couurans &
maſquás par la venue de ſi gráds Princes,
ils exciteroient enuie contre eux.

Ayants donc differé ceſte entreprinſe
combien qu'ilz euſſent delaiſſé la force
ouuerte , ils ne ſe repoſoient pas pour
tant. Ils s'eſtudioient de ſemer des inimi-
tiez entre le Roy& ſon frere le duc d'An-
iou.Et pource que le ſon de peur eſt touſiours aux aureilles des ſeditieux, ils diſoient que la trop grande amitié qui e-
ſtoit entre ces deux freres eſtoit fort ſuſ-
pecte à leur Cauſe, & que de la diſcorde
entre les deux freres prouiendroit vne
tteſgrande tranquillité & paix aux Egliſes : que ſi cela n'aduenoit,il iroit mal
pour elles .
Et neátmoís il eſt eſcript par le Prophete
que la paix des Prínces eſt noſtre paix&les

histoires ecclesiastiques tesmoignent, que
iamais les eglises ne furent si miserablement affligées, que lors que les princes
freres menoient guerre & inimitié l'vn
contre l'autre. Nicephore tesmoigne qu'é
Espagne du temps des Sarrazins les Eglises endurerent grande calamité à cause
det guerres qui fut entre deux freres. En
France du temps de Charles le Chauue,
& Loys freres, pendant qu'ils font guerre
l'vn contre l'autre, toutes les Eglises furét
destruictes par la France & la Lorraine.
Mais ces hommes ennemys de repos, &
ayants en horreur la paix ne pouuoient
mettre cela en leur esprit, tant ils brusloiét
de hayne contre le Roy, & le repos de la
France. Ils semoient des calumnies contre le Roy & la Royne Mere & ceux du
conseil, ils accusoient publiquement leur
iniustice, afin d'aliener plus aysément du
Roy le cœur du peuple. Ils disoient que
le Roy n'osant rompre publiquement &a
descouuert l'Edict de paix, le faisoit en
cachette, & par lettres: & qu'il imitoit Ba-
siliscus meschant Empereur, lequel n'osāt
oppugner publiquement le concile de
Calcedoyne, luy coupoit la gorge par des

lettres qu'il enuoyoit de tous coſtez à ſes
magiſtratz. Or n'y a il perſonne qui ne ſa-
che que cela eſt tresfaux en noſtre Roy,
& vous meſmes Portes, quāt vous vinſtes
en France, vous veiſtes que la paix & le re
pos eſtoient cōſeruez en tous lieux par le
Magiſtrat. Et en court vous nous trouua-
ſtes iouiſſans de grand repos, & de grand
honneur. Mais telles façons de meſdire du
Roy, & de ceux de ſon cōſeil, ce ſōt vieux
ſtratagemes de tous ſeditieux, qui veulent
ſembler amateurs du peuple, en blaſmant
l'iniuſtice & oppreſſion des Roys & des
gouuerneurs, & font ſemblant d'auoir pitié du peuple, pour exciter enuie cōtre les
princes. Ainſi Ceſar, ainſi Catilina, ainſi
Abſalon, ainſi tous hómes ſeditieux & per
duz, ont eſpandu les factiōs par le peuple.
Les meſdiſances de ces gens ne ceſſoiēt ia
mais, & eſtoient fort atroces cōtre le Roy,
la Royne mere, & le ſang royal. Et pource
qu'entre telles gés qui meſdiſoiēt du Prin
ce, c'eſtoit vn peché que de ſe taire, & de
n'y cōſentir, & vn blaſpheme que de vouloir deffendre le Roy, & moy & Vvabres
noſtre amy homme de douce conuerſa-
tion, fuyions l'aſſemblée & compagnie
de telles gens, pour euiter à noyſe: con-

gnoiſſát meſmemét que quelques vns de
ceux de la cauſe auoient eſté renduz ſuſ-
pectz, & preſque banniz & decheuz de la
Cauſe, parce qu'ilz ſembloiét meſdire du
Roy trop modeſtement. Et tant plus la pe
tulance des Miniſtres eſtoit grande, d'autant plus augmentoit la licence de vomir
iniures cótre le Roy, & ceux de ſon ſang.
Or m'eſtant vn iour rencontré entre quel
ques Miniſtres qui meſdiſoiét de telle façon, ie leur recitay des parolles prinſes de
l'Epiſtre de Valentinian Empereur aux E-
ueſques d'Aſie & de Phrigie, ou il dit que
par ces marques on cognoiſt & ſepare les
Eueſques bons & fidelles des meſchans,
pource que par les prieres des bons les
guerres ſont appaiſées ſur la terre, ilz ne
detractent point de la puiſſance des Empereurs, ilz ſe rendét ſubiectz à leurs loix.
Si vous nourriſſiers des guerres & ſeditiõs
& qui péſez qu'il n'y a ſi cruelle meſdiſan
ce au monde dont il ne ſoit permis vſer
contre le Roy, & qui eſtimez eſtre affran-
chis des loix, & n'y eſtre aucunemét obli-
gez, ſi vous venez à la cenſure de Valenti-
niã, vous trouuerez que vous eſtes vrayement ce que vous eſtes, Miniſtres non de

Dieu, mais de Sathan. Mais à ces gens furieux, & qui n'auoient pas leur esprit en
leur puiſſance, ie m'adreſſois à eux non
point auec des raiſós de pieté (par leſquelles ils ne ſe laiſſent gouuerner) mais auec
des peurs & crainctes que ie leur propo-
ſois, & mettoys en auant diſant. Ne ſçauez vous pas bien que les Roys ont pluſieurs yeux & pluſieurs oreilles? ne ſçauez
vous pas bien que les anciens ont dict,
ne maudiſſez point le Roy en voſtre pen
ſée, car les oyſeaux du ciel luy portent voſtre voix? Ne péſez vous point que le Roy
quant il verra que vous abuſerez ſi long
temps de ſa trop longue patience, à la fin
il la conuertira en ire, laquelle à l'endroit
des Roys eſt meſſagiere de la mort? N'a-
uez vous point leu que les Roys eſmeus
par les moqueries de leur peuple, encores que bien legieres, ont exercé de
grandes cruautez? Les hiſtoires racontent
que Maximinus aſſembla toute la ieuneſ-
ſe d'Alexandrie enſemble, & la fit tuer par
ſes gardes, pource qu'il auoit ouy dire à
Rome qu'elle auoit ietté des brocards cő-
tre luy, & ſon pere, & qu'elle s'eſtoit mo-
quée de ce qu'eſtant de petite ſtature, il

auoit voulu contrefaire le geste & l'alleure d'Alexandre. Anastase Empereur condemna Helie Euesque de Hierusalem, cóme crimineux de lese maiesté, pource que il auoit seulement ouy dire qu'il s'estoit mocqué de ses actions. Vous dóc qui vous addressez à la Maiesté, non seulemét auec brocards & risées, mais qui foullez l'honneur & de luy & de sa race & famille, par des iniures atroces & piquantes, pensez vous qu'il les pourra digerer & endurer? Non fera croyez moy, & s'il le faict, il fera chose dommageable au public & à sa maiesté. Car cóme nous tesmoignent les Philosophes telle douceur enuers les hómes meschans & dissoluz, est cruauté enuers les bons. Car l'humanité qui n'est point coniointe auec iustice, ce n'est point vne vertu digne d'vn Prince, cóme disoit Archidamidas cótre Charillus, qu'on louoit pource qu'il auoit esté doux & humain enuers vn chacun. En ceste façon ie leur annonçois l'indignation du Roy, & leur ruine future, afin de leur faire quelque peur. Mais en cela ie perdois ma peine, car apres auoir escouté tout ce que ie leur auois dit pour tout payement ilz me mettoient en

auant, le iour que monſieur de Guyſe fut
bleçé par Poltrot, duquel iour ilz fôt auſsi
grand eſtat quand ilz en parlent, que Bru
tus faiſoit de ſes Calendes de Mars, & Ci-
ceron de ſes Nones de Nouembre, & ad-
iouſtoient que tous les Poltrotz n'eſtoiét
pas morts en France. Quoy diſant ilz menaçoient tacitemét le Roy de le faire mou
rir de meſme mort en trahiſon, & ce par
des meurtriers aſſeurez qu'ilz nourriſſoiét
& entretenoiét à ceſte fin dans les entrail-
les de la Cauſe, par le moyé deſquelz ayát
oſté au Roy Môſieur de Guyſe qui eſtoit
ſon bras droiĉt, ilz ſe promettoiét auſsi de
pouuoir faire tuer le Roy meſme. Inconti
nent que i'euz ouy ces horribles & eſpou
uentables voix, ie comméçay à deſeſperer
de la paix & tranquillité des Egliſes, & dis
lors ouuertement ce que iadis Caton diſt
quand il vouloit ſignifier que la ruine qui
approchoit à cauſe de la ſedition de Catilina eſtoit preſente, la calamité eſt deſia
ſur noſtre teſte. Iadis les Egliſes ont eſté
priuées de leur liberté, & ont enduré perſecution pour des legiers ſoupçôs de con
iuration & ſedition, d'autát que les Roys
eſtoiét ſi ialoux de leur Royaumes, qu'ilz
eſtoient eſpriz de crainĉte quaſi Panique.

De là vint ceste grande perfecution
horrible cruauté d'Herode, pour vn fou
çon faux qu'il auoit eu, qu'on luy voul
oſter ſon Royaume. Par vne femblai
crain{cte} vaine, Titus & Vaſpaſianus fire
mourir cruellement tous ceux de la m:
ſon des Roys de Iudée. Ainſi & ſans qu
y euſt autre coniecture, le nōbre des Ch
ſtiens commença à eſtre fuſpect à Traia
& de ceſte fuſpicion s'engendra vne tr
grande perfecution ſur les Egliſes. Se
blablement Licinius eſmeu par vn legi
& ridicule ſoupçon, pource qu'il penſ
que les Chreſtiens prioient Dieu po
Conſtantin, & non pour luy, il les afflig
cruellemét. Si telles choſes ſont aduenu
à ces innocens, & qui n'auoiét iamais p
ſé non pas en ſongeát, à faire ſedition, q
penſez vous qu'il aduiendra de nous, d
quelz la cōſpiration & faction eſt par m
niere de dire enſerrée dans les yeux & d
les mains des Papiſtes ? Nous diſ-ie q
manions les armes publiquement, qui
ſons en cachette des ligues auec les eſtr
gers, au detriment du Roy & de ſon Ro
aume, qui attachons le Roy d'iniures
d'execrations, qui le menaçons, & meſm
                                        lt

tuy apreſtons le feu , la ruine , & le ſac de
ſon royaume? Ie diſois que ie ne craignois
qu'vne choſe qu'il ne nous aduint pour la
cauſe ce qu'il aduint iadis à Aſpar & Ar-
burius Capitaines de guerre du temps de
Leon Empereur. Ceux là ayans dreſſé des
embuſches côtre Leon pour le faire mourir, craignans que leur meſchanceté ne fut
deſcouuerte, excitoient leur complices de
ſe haſter par telles parolles, deuorons le
Lyon au parauant qu'il ne nous face ſeruir ſur table pour ſon diſner. Ce qu'ayant
ſceu Leon il les fit meurtrir de grand matin par Zenon. Et par ainſi ayant preuenu leur embuſche, & leur trahiſon , il les
fit ſeruir non pour diſner côme ilz auoiët
predict, mais pour ſon deſieuner. Et pource qu'aux ſeditions & factions, Dieu a ac-
couſtumé d'eſtre le bouclier des Roys , ie
preſageois que ces factions, ſeditions &
embuſches de la Cauſe, retomberoiët ſur
le chef de ceux qui en eſtoient autheurs.
Ie ſçay bien que tu as ſceu de pluſieurs
perſonnes ce qui aduint à Paris la mati-
née de ſainct Barthelemy, mais on ne ſçait
quelle entrepriſe auoient faict nouuellement ceux de la Cauſe, pour laquelle le

courage du Roy aye esté si griefuement
offencé, & si soudainement allumé côtre
eux . Seulement sçay-ie bien que dans le
corps de ceste malheureuse Cause, il y a-
uoit tant de mauuaises humeurs de trahison & sedition , assemblées de si longue
main , qu'il estoit impossible que la Cause
estant si malade peust viure plus longue-
ment. Mais ce qui est le plus à plaindre en
ceste calamité, c'est que plusieurs des nostres ont esté tuez auec ces meschans, s'en
estant sauué fort peu. Ausquelz ie conseil-
le qu'en cest exil & persecution ilz imitét
les anciens Chrestiens, qui estans en l'ex-
tremité ou nous sommes (comme raconte Epiphanius & Iustin en l'apologie) fui-
oyent le combat, se soustenoient de prieres & cogitatiõs sainctes, ne se vengeoiét
point par factions & seditions , mais re-
couuroient la paix de l'Eglise perdue, non
par armes, mais par prieres. Mais ces mi-
serables reliques qui sont demeurez de la
Cause ruinée & rompue, ne veulent pas
imiter cela, ilz ne se peuuent submettre
d'aller au Roy à genoux, & luy dire ce
que l'Eglise de Constantinoble dict auec
sainct Ambroise à l'Empereur, pour ap-

paiſer ſa collere, O Auguſte nous venons
pour prier, & non pour combattre. Mais
au contraire à l'exemple d'vn ſerpent que
on a couppé en pieces, ilz taſchent de raſ-
ſembler & eſmouuoir à ſedition leur tron
çons manques & inutiles, & ſ'efforçent
de remettre ſus encore vn coup leur meſchante & malheureuſe Cauſe, ſouz pretexte de religion laquelle ilz n'ont en façon du monde, & ſoubs couleur d'vne liberté chreſtienne laquelle ilz ont mieux
aymé perdre lors qu'ilz l'auoient, que de
quicter vn ſeul poinct de leur Cauſe & fa
ction.

Ces entreprinſes de guerre qu'ilz font,
ne tendét à autre choſe qu'à aigrir de plus
en plus le Roy qui eſt offençé côtre nous,
& à le contraindre de conuertir ſon yre
en hayne perpetuelle, ce que nous deuôs
engarder par tous moyés que nous pour-
rons qu'il ne nous aduienne. Egeſippe
raconte que iadis quelques nepueuz de
Iudas allerent trouuer Domitian qui e-
ſtoit fort courroucé & aigry contre les
Chreſtiens, & luy firent entendre que le
Royaume de Chriſt n'eſt point mondain

n'y terreftre, mais celefte & angelic, que
eux en eftants fectateurs ilz ne manioient
point les armes, les glaiues, les guerres, ny
les confpirations, mais feulement les prieres & oraifons, & menoient vne vie paifi-
ble: ce qu'ayant Domitian entendu il per-
dit tout foupçon, & commença à auoir
bon eftime des Chreftiens, & deuint plus
doux enuers eux. Auffi eftimay-ie qu'il fe
fault prefenter au Roy à genoux, & d'vn
cœur abaiffé, & fans retenir en foy aucune penfée n'y cogitations d'armes ou ven
geance, & par ce moyen i'efpere que nous
ferons remis par le Roy en la liberté Chre
ftienne, de laquelle la Caufe nous a deie-
ctez, tant ce bon Prince eft doux & cle-
ment. Par ce moyen nous lifons que les
Empereurs ont efté adouciz par les anciens peres qui ont remis fus leur liberté
perdue, non par armes, nõ à force de bras,
mais par prieres & oraifons.

Quadratus & Ariftides ont amolly par
leur oraifons, liures, & Apologies le cœur
d'Adrian enflãbé contre les Chreftiens, &
ont obtenu de luy vn Edit en faueur d'eux.
Ainfi Iuftin en fon Apologie à Antoninus

Pius proufita tant, que l'Empereur commanda que les Chreſtiens ne fuſſent plus
moleſtez. Appollinaris Hieropolitain en
impetra autant de Verus par ſon Appol-
logie pour les Chreſtiens de ſon temps.
Themiſtius appaiſa Valentin par vn liure
qu'il luy dedia,& gaigna tant que la pey-
ne de mort dont les Chreſtiens eſtoient
condemnez fut changée en exil. Qu'on
compare noſtre temps auec ceux là, noz
guerres,noz armes, ſieges,ruines,depopu
lations, & factions contre les Princes,de-
puis que nous auons voulu ouurir le che-
min à Ieſus Chriſt par armes, nous n'auós
rien proufité, au contraire nous auós tout
remply de ſang,de cruauté,de triſteſſe, &
de miſere. Et ces peres anciens ont obtenu ce qu'ils vouloient par prieres, oraiſós
modeſtie,& patience, par leurs eſcrits, &
Appologies. Mais voſtre bon paſteur,qui
porte latheiſme engraué au cœur,& Ieſus
Chriſt au front,ne penſe point qu'il faille
imiter ces ſaincts perſonnages anciens.
Il recueille des pieces de l'ancien naufrage de la Cauſe, pour compoſer quelque
nouuelle ſedition.Il blaſme fort ceux qui
reſtent de ceux de la Cauſe, de ce qu'ils

n’ont tué les princes de France, lesquelz
il leur auoit marqué par plusieurs fois. Ce
pendant il les exorte de piédre courage,
leur promet l’ayde des Allemans, des An-
gloys, & des Souysses . Car ces meschans
suppots de la Cause, soubz ombre de la
religion qu’ils mettent en auát, n’ôt point
de honte de soliciter les Allemás& Souys
ses , qui ne sont encore aduertis de leur
meschanceté & trahison. Il s’efforce de les
esmouuoir par lettres& ambassades,&son
but est de nous ruiner encor d’auantage
que nous ne sommes. Vous direz de ma
part à ce boute-feu &furie infernalle,qu’il
se repose & que s’il ne le veult faire , qu’il
aduiendra,en bref par la permission de
Dieu,que les Princes & Republiques qui
tiennent nostre religion apres auoir descouuert la trahison de la Cause,& la conspiration de ceux qui en sont,lesquels sous
l’espece de religion & liberté Chrestienne
s’efforcent de renuerser&subuertir les E-
stats & Republiques , se mettrót en armes
pour les opprimer, assiegeront vostre ville. A B E L receptacle de tous seditieux, &
boutique de toute faction & conspiratió,
duquel siege elle ne sera point deliurée,

iufques à ce qu'ils ayent ietté du haut en bas des myrailles la tefte de S E B E prince des feditieux qui s'eftoit rebellé du Roy Dauid, & auoit detourné le peuple de fó obeiffáce, lequel Sebe fi vous regardez au lettres de fon nom, & à la verité du faict, vous trouuerez que c'eft la figure de voftre pafteur, qui Dieu aydant receura vn pareil fruict de ces trahifons & confpirations que le mefme Sebe, & auec vne fin digne de fa vie & mœurs. Et à la fin apres que le chef de la Caufe aura efté couppé, nous rendrós la louange à Dieu, & par telle expiation, ayants appaifé fon ire, & celle du Roy, nous remettrons fus noz Eglifes, pures & nettes de toute contagion de la Caufe. Et vous femblablemét Portes mó fingulier amy, ornement de la Grece, laiffant ceft auare & cruelle terre, vous en reuiendrez à voftre maiftreffe madame la Ducheffe de Ferrare, qui à toufiours vefcu comme nous en la pure religion, deteftát la Caufe. Et alors tous enfemble eftáts releuez de tant de miferes, & purgez de ces mauuaifes humeurs de la Caufe, ferons cófefsió publique de noftre foy, telle qu'on dict que fit Conftantin, quant il fut inter-

rogué de sa foy par Acholius Euesque:
qu'il embrassoit la foy que l'Eglise obser-
uoit en Illiric auant qu'elle fut infectée de
la doctrine d'Arrius : ainsi auec grand as-
seurance & allegresse, nous embrasserons
ceste foy, que les Eglises de France auoiét
auant qu'estre souillées de ceste peste &
côtagion de la Cause, ce qu'il plaist à dieu
nous octroyer par son filz Iesus Christ, lequel ie prie qu'il vous maintienne sain &
sauf auec toute vostre famille, & qu'il gar-
de vous & tous les bons du mal de la Cau
se. A dieu & nous aymez comme vous a-
uez de coustume. De Strasbourg le 15.
iour de Septembre.

F I N.

Fautes notables en l'Impresion.

Feuillet 5. page 1. Cima Lizés Cimna. f. 6. p. 2 de l'Empereur de Constantinoble lizés du peuple de Constantinoble f. 11. p. 1. nous le pouuons lizés nous la pouuons. f. 1.
p. 1. Typhon lizes Triphon en la fin de la mesme page dôt
ilz ont lizés dont estantz. f. 14. p. 1. tant aduancé lizés à tant
aduancé. f 20. pa. 1. meschante & malheureuse lizés meschant & malheureux. f. 21. pa. 1. il ne peut entre lizés il ne
peut entrer. f. 2 4. page. 1. mulitaires lizés militaires.

9 782013 468930